관찰과 체험은 과학을 배우고 이해하는 최고의 방법입니다!
어린이책 작가 **세실 쥐글라(Cécile Jugla)** 역시,
이런 생각으로 요리조리 사이언스키즈 시리즈를 기획했어요.
이 시리즈에는 지금껏 몰랐던 흥미진진한 사실이
한가득 담겨 있어요.

프랑스 파리의 어린이과학박물관
시테 데 장팡(Cité des enfants)을 설립하고,
파리 과학문화센터 팔레 드 라 데쿠베르트
(Palais de la Découverte)의 관장을 지낸
잭 기샤르(Jack Guichard)는 중요한 과학 이론을
누구나 알기 쉽고 생생하게 설명하고자
늘 고민하고 있습니다.

삽화가 **로랑 시몽(Laurent Simon)**은
어린이와 청소년 책에 들어가는 그림을 그려요.
이따금 이런 책에 글을 쓰기도 해요.
과학책이나 생활에 유익한 책에 그림을 그릴 때가
가장 행복하다고 해요.

옮긴이 **김세은**은
중앙대학교 불어불문학과를 졸업하고,
현재 번역 에이전시 엔터스코리아에서
출판기획자 및 전문번역가로 활동하고 있어요.

우유는 꿀꺽꿀꺽

초판 1쇄 인쇄 2022년 09월 10일   초판 1쇄 발행 2022년 09월 28일

글 세실 쥐글라, 잭 기샤르   그림 로랑 시몽   옮김 김세은

펴낸이 이상순   주간 서인찬   영업지원 권은희   제작이사 이상광

펴낸곳 (주)도서출판 아름다운사람들   주소 (10881) 경기도 파주시 회동길 103
대표전화 031-8074-0082   팩스 031-955-1083   이메일 books777@naver.com

ISBN 978-89-6513-112-0 77400

La science est dans LE LAIT
© 2022 Editions NATHAN, SEJER, 92 avenue de France, 75013 Paris, France.
Korean Translation © Beautiful People 2022 All rights reserved.
This translation of La science est dans le lait is published by arrangement with Nathan through
KidsMind Agency, Korea

이 책의 한국어판 저작권은 키즈마인드 에이전시를 통해 Nathan과 독점 계약한 (주)도서출판 아름다운사람들에 있습니다.
신 저작권법에 의해 한국 내에서 보호를 받는 저작물이므로 무단전재와 복제를 금합니다.

이 도서의 국립중앙도서관 출판예정도서목록(CIP)은 서지정보유통지원시스템(http://seoji.nl.go.kr)과
국가자료종합목록구축시스템(http://kolis-net.nl.go.kr)에서 이용하실 수 있습니다. (CIP제어번호 : CIP2020046116)

우유는 꿀꺽꿀꺽

글 세실 쥐글라 · 잭 기샤르 **그림** 로랑 시몽 **옮김** 김세은

아름다운사람들

차례

8   우유의 요모조모 알아보기

10   우유로 폭풍우 효과 내기

12   버터 만들기

14   크림에 거품 내서 샹티이 크림 만들기

16   코코아 가루와 우유 고루 섞기

18   층층 칵테일 만들기

20   **요구르트 만들기**

22   **투명 콜라 만들기**

24   **우유를 돌로 탈바꿈시키기**

26   **우유로 구름과 노을 만들기**

28   **춤추는 색소 만들기**

우유의 요모조모 알아보기

유리컵에 우유를 붓고 자세히 살펴볼까요?

우유는 어떤 특징이 있나요?

- 액체
- 고체
- 투명함
- 흰색
- 물기가 없음
- 물기가 많음
- 농도가 진함

우유로 만들지 않는 식품을 한 가지 고르세요.

- 버터
- 스파게티
- 생크림
- 치즈
- 바닐라 아이스크림

정답: 스파게티.
카제인 크림 우유는 농도가 진하고,
파스타는 아이스크림도 크림도 아니지만,
그래서 투명하지 않습니다. 우유로 만듭니다.

고마워, 암소야!
나는 네 젖을 좋아해!

다음 중에서 젖을 얻을 수 없는 동물이 하나 있어요. 무엇일까요?

염소   산양   낙타

당나귀   악어   물소

정답: 악어는 포유류가 아니라 새끼를 낳지 않고 알을 낳습니다.

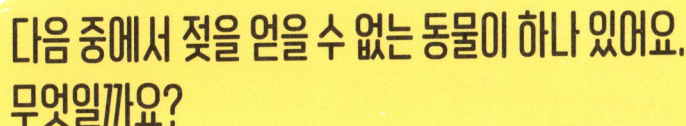

어라, 우유 방울이 마구 튀어!

참일까, 거짓일까?

1. 우유에는 단맛이 나는 물질인 당이 들어있다.

2. 목장에서만 우유를 용기에 넣어 포장한다.

3. 우유는 뼈 건강에 좋다.

1. 참. 우유에 들어있는 유당은 단맛이지기 해요.
2. 거짓. 우유 공장에서도 우유를 큰 통에 포장해요. 우유공장에서 우유를 먹기 전 다시, 깔끔한 유리병에 담아서 우유를 만들어요.
3. 참. 우유는 칼슘이 풍부해서 뼈를 튼튼하게 해줘요.

우유에 대해 잘 살펴보았죠?
어서 다음 쪽으로 넘겨
더 자세히 알아보아요!

우유로 폭풍우 효과 내기

우유를 데우고 있어. 눈을 크게 뜨고 귀를 활짝 열어 봐.

눈을 씻고 봐도 아무것도 안 보여!

우유

아니야, 냄비 벽에 작은 거품이 일고 있어.

냄비 높이의 절반 아래로 우유를 부어주세요.

우유에 생긴 거품은 무엇일까?

우유는 80%가 물로 이뤄져 있어요.
물을 가열하면 수증기라는 기체로 변하는데
이들 수증기가 공기 중으로 증발하면서
거품이 일어나요.

놀라워!

우유 공장에서는 우유를
아주 높은 온도에
가열하여 우유 속 세균을
죽인답니다.

작지만 알찬 지혜

우유를 끓여 한 김 식히면 표면에 지방층이 생기는데 이게 바로 크림이에요.

아이고, 소리가 꽤 시끄럽네!

슈우우우웅

우유

오, 우유가 펄펄 끓고 있어. 점점 냄비 위로 올라오네. 넘칠 듯하니까 불을 끌게.

우유 표면에 막이 생기면서 뽀글뽀글 거품이 크게 일고 있어.

우유가 끓으면 냄비 위로 올라오는 이유는?

우유 속에 단백질 입자로 존재하는 *카세인은 열을 받으면 우유 표면에 막을 만들고 지방으로 된 방울을 내보내요. 그러면 막 아래에 있던 수증기가 부풀면서 막을 들어 올리기 때문입니다.

* 카세인 : 포유류 젖 속에 들어 있는 단백질의 80%를 차지하는 인단백질의 하나.

참 잘했어요!
우유를 끓이면 우유 속 수분이 수증기가 되어 빠져나가려고 한다는 사실을 알았어요.

버터 만들기

작은 페트병에 크림을 1/3 정도로 붓고 깨끗이 씻은 구슬 2개를 넣어요.

으샤, 으라차차, 페트병을 5~10분간 흔들면 크림이 버터로 바뀔 거야.

작지만 알찬 지혜

가끔은 크림을 흔들어도 거품만 생길 수가 있어요. 이럴 땐 우유를 조금 넣고 계속 흔들어주면 버터가 만들어져요.

와우, 됐어. 페트병 속의 내용물을 쏟아부었더니 물은 빠지고 버터만 남았어.

버터를 천으로 감싼 다음 꾹꾹 눌러서 남은 물기를 쏙 빼낼게.

얇은 천이나 면 보자기

으음, 맛있겠다. 당장 빵에 발라 먹고 싶어.

유리그릇 바닥으로 하얀 액체가 흘러내려요. 우유에서 버터를 만들고 남는 버터밀크랍니다.

크림에서 어떻게 버터가 만들어질까요?

크림의 구조를 보면 중심에 물이 있고 지방 방울이 물을 둘러싸고 있어요. 크림을 세게 흔들면 지방 방울끼리 뭉쳐 버터가 되고 물은 버터밀크가 되어 나갑니다.

대단하네요. 크림과 버터는 서로 다른 구조로 되어 있다는 사실을 알았어요.

크림은 어떻게 부풀까?

크림은 찬기를 받으면 지방 방울끼리 엉겨서 끈기가 생겨요.
크림을 휘저으면 공기 방울, 즉 기포가 만들어지고 기포가 지방 방울 주위에 붙어서 크림이 부풀어요.

과학과 요리의 만남 성공!
크림 속 지방과 수분이 혼합되는 '유화 현상'과 크림 사이사이에 공기 방울이 발생하는 '공기층 형성'이 동시에 일어나면 크림이 부풀어 오르면서 유화한다는 원리를 이해했어요.

코코아 가루와 우유 고루 섞기

난 코코아 가루에 찬 우유를 부을게.

난 뜨거운 우유를 부을게. 난 이 방법이 더 좋겠어.

무설탕 코코아 가루 2~3작은술

코코아의 쓴맛을 빼고 싶다면 설탕을 넣어주세요.

뜨거운 우유에는 코코아 가루가 잘 풀리는 까닭은?

우유 속 작은 입자가 뜨거울 때
더 활발히 움직여 우유와 코코아 가루를
더 쉽게 섞이도록 도와주기 때문입니다.

훌륭해요!
우유와 코코아 가루를
골고루 혼합하는 법을 배웠어요.

층층 칵테일 만들기

작지만 알찬 지혜

딸기 시럽을 먼저 넣은 다음에 우유를 부으면 금세 섞여서 분홍빛 우유가 만들어진답니다.

이제 기름을 부을게.

기름이 우유 위에 떠 있어. 예쁘지만 못 먹겠네!

층진 칵테일이 만들어지는 이유는?

딸기 시럽은 우유보다 무겁거나 밀도가 높아 바닥에 가라앉고 기름은 우유보다 가벼워 우유에 섞이지 못한 채 표면에 떠 있기 때문이에요.

참 잘했어요!
밀도가 다른 액체는 서로 섞이지 않고 층층이 쌓인다는 사실을 알았어요.

요구르트 만들기

찬 우유 250ml에 떠먹는 요구르트 1/2통을 섞은 다음 막 끓인 우유 250ml를 섞었어.

잘 섞였으면 유리 용기 4개에 나눠 담을게.

투명 콜라 만들기

콜라에 우유 10작은술을 넣을게.

뒤에 누가 숨었을까?

콜라에 가려 안 보여.

콜라는 어떻게 투명해졌을까?

우유 속 단백질 카세인이
콜라 속 산 성분에 의해 응고하거나 엉긴 후
컵 바닥에 가라앉아 콜라의 갈색 색소를
끌어들였기 때문이에요.

대단해요!
우유가 산 성분을 만나면
응고하거나 엉긴다는 화학반응을
알게 됐어요.

우유를 돌로 탈바꿈시키기

액체였던 우유는 어떻게 단단해졌을까?

우유가 산과 열에 의해 엉기자 우유 단백질 카세인이 응고되었죠. 이로 인해 카세인에서 탈지유가 분리되고 당을 함유한 물도 분리되었어요.
카세인을 꾹 눌러 물을 짜낸 뒤 공기 중에 놔두자, 물기가 모조리 증발해 단단해졌어요.

훌륭해요!
우유에서 수분을 제거해
단단히 굳는 방법을 알게 됐어요.

우유로 구름과 노을 만들기

찬물이 담긴 유리컵에 탈지분유 1/2작은술을 넣을게.

흰 구름이 생겼어!

와, 멋지다!

우유에서 어떻게 흰 구름이 만들어질까?

우유 방울이 물속에 퍼지면서 구름 모양을 만들고 주위로 흰색 빛을 반사하기 때문입니다.

휴대전화에서 나온 흰색 빛이 주황색과 파란색으로 보이는 이유는?

물속에 있는 우유 방울이 흰색 빛 즉 백색광을 분해하기 때문이에요.
백색광은 우리 눈에는 흰색으로 보이지만 무지개색을 모두 포함하고 있어요.
빨강과 주황이 가장 앞에, 파랑은 나중에 있어요.

우유 방울 실험을 통해 백색광이 여러 가지 색으로 이뤄져 있음을 알게 됐어요.

춤추는 색소 만들기

색소가 우유에 뜨는 까닭은?

우유 속 지방이 색소와, 우유 속 물을 섞이지 못하게 방해하여 색소가 우유 표면에 얼룩처럼 남아 있어요.

주방 세제로 인해 색소가 움직이는 이유는?

주방 세제가 퍼지면서 우유 표면에 얇은 막을 만들어 색소 얼룩을 밀어내기 때문이에요. 주방 세제는 우유의 지방에 들러붙어서 색소가 우유의 물과 섞이도록 해준답니다.

엄지 척!
주방 세제가 우유 표면의
*표면 장력을 줄여준다는
사실을 이해했어요.

* 액체 표면이 가능한 작은 면적을 차지하려 스스로 수축하는 힘

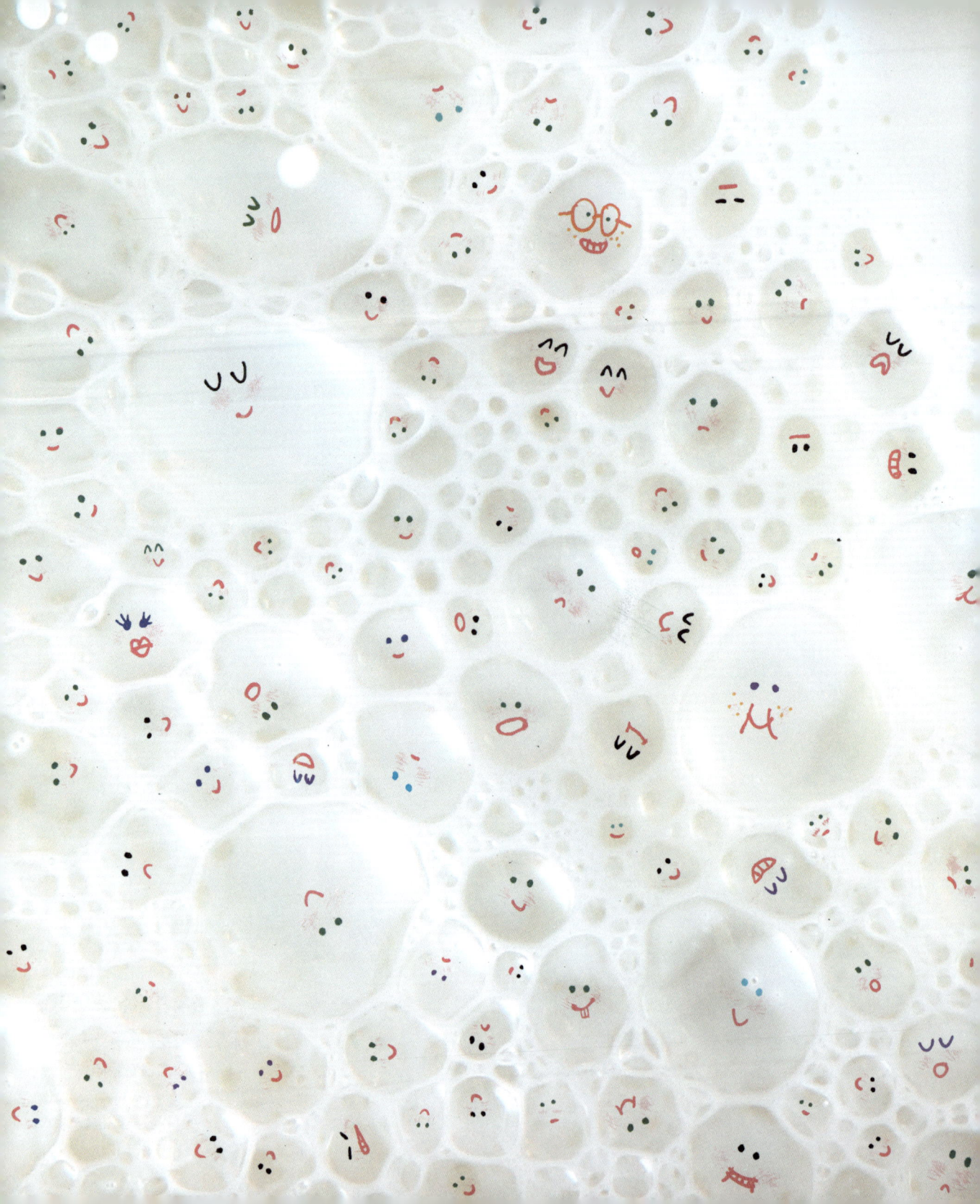